AF268175

LA FRANCE

DANS

L'EXTRÊME ORIENT

PAR

TH. DESDEVISES DU DEZERT

Professeur de Géographie à la Faculté des Lettres de Caen

Membre honoraire de la Société normande de Géographie

— · —

> ... il ne s'agit pas ici de
> brouiller les cartes, mais de
> les faire meilleures et plus
> exactes.   p. 27.

ROUEN

IMPRIMERIE DE ESPÉRANCE CAGNIARD

rues Jeanne-Darc, 88, et des Basnage, 5

—

1884

LA FRANCE DANS L'EXTRÊME ORIENT

LA FRANCE

DANS

L'EXTRÊME ORIENT

PAR

TH. DESDEVISES DU DEZERT

Professeur de Géographie à la Faculté des Lettres de Caen

Membre honoraire de la Société normande de Géographie

—————

... il ne s'agit pas ici de brouiller les cartes, mais de les faire meilleures et plus exactes.　　p. 27.

ROUEN

IMPRIMERIE DE ESPÉRANCE CAGNIARD

rues Jeanne-Darc, 88, et des Basnage, 5

—

1884

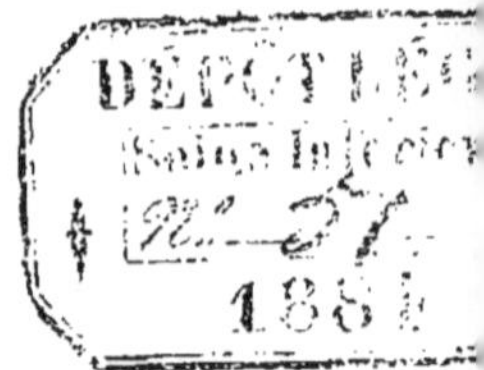

LA FRANCE DANS L'EXTRÊME ORIENT

Messieurs,

e viens des bords de l'Orne pour vous entretenir des Colonies françaises de l'extrême
Orient; c'est là une entreprise téméraire dans
une ville si vivante, si bien renseignée, où
les voyageurs les plus illustres parlent si souvent de ce
qu'ils ont vu, de ce qu'ils ont fait, donnant à leurs récits
cet incomparable charme de l'impression personnelle.
Enfin, nous vivons si vite, que c'est déjà vieux : je le sais
et je persiste ; car votre persévérant accueil me rend
courageux, et votre patriotisme est acquis d'avance à toutes
les questions véritablement nationales.

Qui aurait essayé, il y a trente ans, de parler de la
France dans l'extrême Orient ? on savait quels efforts
les jésuites avaient fait pendant cent cinquante ans pour
pénétrer en Chine et au Japon, quelles persécutions ils

avaient endurées dans le Tong-kin et la Cochinchine, combien était lucratif, pour un petit nombre d'élus, le commerce de ces contrées lointaines. Mais on savait aussi que, pour les despotes capricieux qui y régnaient, les traités n'obligeaient pas, et que le péril était aussi grand que le profit. S'il y avait eu une amélioration sur quelques points, elle avait été conquise par les armes; la France ne possédait pas un pouce de terrain, et n'avait pas un seul port de relâche depuis Pondichéry jusqu'à Nouméa. Ainsi la situation, en 1852 par exemple, est d'une netteté incontestable; nous y trouvons au moins l'avantage de ne pas nous inquiéter des précédents, et nous prenons la question comme elle se pose, au commencement.

Pour nous, Français, l'extrême Orient, c'est toute l'Asie orientale, tout le littoral de l'Asie baigné par l'océan pacifique. Mais nous n'avons aucun établissement au nord de l'île Haynan, et nous n'éprouvons présentement ni le besoin ni le désir d'en avoir; de même la presqu'île de Malaca, dont les Anglais ont occupé les positions utiles, n'a plus d'emplacement qui puisse nous convenir. C'est donc en fait les côtes orientales de l'Indo-Chine, depuis le fond du golfe de Siam jusqu'au fond du golfe du Tong-kin, dont nous avons à nous entretenir. Même dans ces dimensions la tâche est considérable. Il s'agit encore de quinze à vingt millions d'hommes, et de huit cent mille kilomètres carrés, équivalant à plus de cent trente de nos départements.

Dans cette plantureuse contrée de l'Indo-Chine, dont la masse rebondie s'harmonise si bien avec la grande péninsule des Indes anglaises, le sol, plus simple dans son ordonnance, a plus d'unité, et se répartit verticalement entre plusieurs bassins parallèles. A l'ouest, l'Angleterre s'est approprié les deltas de trois grands fleuves, le Brahmapoutra, l'Irouaddy et le Salouen ; au centre le Ménam, accessible aux plus gros navires, est le patrimoine séculaire des Siamois, alliés de la France, et amis de sa civilisation. Au sud-est, à partir de la frontière de Siam, la France règne en souveraine depuis vingt-cinq ans, ou au moins depuis neuf ans ; la Cochinchine est gouvernée directement ; le Cambodge et l'Annam sont soumis à notre protectorat, et notre droit sur ces trois pays est une question qui ne peut plus être soulevée.

Cependant le Mékong, dont nos possessions embrassent le littoral tout entier, est loin de nous appartenir : il est même douteux qu'il nous appartienne jamais tout entier. Ce grand fleuve, dont le cours supérieur lèche la croupe de l'Himalaya, et qui cache sa source dans les ravins profonds des grands plateaux Tibétains, n'est presque jamais navigable dans les trois quarts de son étendue ; quoiqu'il soit encore mal connu, les voyageurs les plus récents, et parmi eux Henri Mouhot, qui l'a remonté sur plus de quatre cents kilomètres, s'accordent à dire qu'il ne saurait le devenir ; c'est l'opinion du commandant de la Grée, du lieutenant Delaporte ; c'est aussi celle de Garnier. Inégal dans son débit, tantôt large et marécageux, plein de bas fonds, tantôt encombré de rapides, ou resserré entre de véritables montagnes offrant des passes dangereuses, il ne remplit presque jamais les conditions indispensables, et n'est pas sans analogie avec ces canaux de la Finlande, bordés de chaînes élevées, et dont les barques traversent si difficilement les méandres semés d'îles. Au Cambodge, un immense réservoir, le lac Toulisap, reçoit le trop plein de cet autre Nil, et les courants variables du fleuve qui lui sert d'écoulement ont été clairement expliqués par les savants auteurs des premières explorations (1).

Telle est la grande artère du versant oriental, et son indomptable nature. Mais le Mékong, pas plus que l'Irouaddy, n'est la limite de la zône maritime : cette limite, elle se trouve dans la chaîne parallèle au rivage qui court entre la rive gauche du Mékong et la mer, et qui paraît avoir eu ce rôle de frontière à toutes les époques. Quoique la direction soit constante, c'est moins une chaîne qu'un massif très épais, courant par ses racines jusqu'à la mer et jusqu'au fleuve, et s'épanouissant en sommets arrondis, en mamelons boisés, jusqu'aux abords de Saïgon. A l'ouest peu de tributaires, sauf dans la région moyenne, au pays des Laotiens ; à l'est des torrents ; les monts eux mêmes sont des ghattes continues presque sans ouverture, interceptant le rivage pendant mille kilomètres, et longées sur le versant opposé par un puissant cours d'eau. On voit aussitôt la conformation très différente des deux presqu'îles : rien de semblable en effet dans le triangle du Décan.

C'est là, en quelque sorte, la grande ligne du pays, et l'idée maîtresse qui doit présider à sa description. Nous insistons volontiers sur ce caractère si original, qui se prolonge presque régulièrement sur plus de 800 kilomètres, à cause des conséquences que nous aurons à en tirer. Si bien qu'on fasse, en effet, on sera toujours dominé par ce double obstacle d'une chaîne perpétuelle et d'un

(1) On l'appelle le canal de Cambodge, ou le bras du lac.

fleuve incorrigible (1), et de même que dans la tradition historique il y a toujours eu deux races, l'une intérieur et barbare, l'autre maritime, et susceptible d'un certain degré de civilisation, de même il y aura toujours deux zônes, l'une d'exploitation métallurgique et forestière, l'autre de culture et de colonisation. De même encore, et en sens inverse, aux deux extrémités de cette bande étroite de mille kilomètres sur cinquante ou soixante qui constitue le territoire annamite, il y aura toujours deux plaines vastes et fertiles, dont chacune ferait à elle seule un état florissant : au sud le Cambodge et la Cochinchine, répondant au Delta du Mékong ; au nord le Tongkin, répondant au Delta du Song-coi. Politiquement et militairement tout est renfermé dans cette conception.

Anciennement on comprenait sous le nom de Cochinchine toute la côte orientale de l'Indo-Chine, depuis la frontière de Siam jusqu'à la frontière chinoise. Aujourd'hui il n'y a pas d'autre Cochinchine que la colonie française, ayant au sud-ouest le Cambodge, au nordest l'Annam et le Tong-kin. Le royaume de Cambodge, placé depuis 1867 sous le protectorat de la France, était précédemment tributaire des Siamois : Siam y a renoncé par un traité formel (2), et le lien qui rattache à la France cette belle contrée est des plus solides ; partout elle est ouverte à nos voyageurs et à nos agents ; notre administration a pris possession du pays dont elle a reconnu et régularisé les ressources, et le roi actuel, Phra-

(1) Cependant au nord de Hué, le Se-bang-Hieng a sa source presque à la côte vers 17° 20' latitude et 104° longitude, et doit avoir au moins 120 kilomètres de cours.

(2) En 1867.

Norodom, a promis récemment une constitution. Ce sera évidemment une constitution tout-à-fait élémentaire ; on se représente difficilement le mécanisme de la vie parlementaire appliqué à une nation soumise depuis un temps immémorial au régime absolu, et ne dépassant guère un million d'habitants ; mais ce sera en même temps un puissant moyen de gouvernement, et, avec le temps, un sûr instrument de civilisation.

La Cochinchine, française depuis 1862, répond à peu près exactement au Delta du Mékong pour trois provinces, et pour quatre autres provinces au pays situé entre le Cambodge et la mer de Chine. Parfaitement assimilée à la métropole, et déjà divisée en départements et en arrondissements, dont les chefs-lieux sont autant de centres administratifs (1), elle est susceptible de toutes les cultures, et les bras de son fleuve, mis incessamment en communication par un grand nombre d'arroyos, sont autant de voies sûres et peu coûteuses. Sans doute les terres basses du sud sont insalubres, surtout pendant les mois d'été, moins pourtant que les autres contrées de latitude égale. Cependant les Chinois y vivent, et les indigènes cochinchinois, issus d'annamites déportés, partagent avec eux les fatigues d'une exploitation aussi pénible que rémunératrice. C'est partout, dans la zône tropicale, la condition des terres les plus fertiles, et s'il y a une différence, elle est en faveur de la Cochinchine.

Située entre les terres basses du sud et les provinces du nord, Saïgon, bâtie sur le Donaï, affluent du Mékong,

(1) Avant la réunion de Bin-thang 6 provinces ou départements, 21 arrondissements (ayant leurs sous-préfets), 207 cantons, 2,425 communes. (*Journal Officiel* du 4 déc. 1882.) (Colonies françaises.)

est un des meilleurs ports de l'Asie. Elle compte déjà quatre-vingt mille habitants dont les Annamites font la presque totalité (19/20ᵉ). Ses toits rouges, noyés dans une immense enceinte de verdure, lui donnent un aspect européen, que complètent les flèches de ses églises et le belvédère du palais du gouverneur. Seul port de refuge, elle possède un arsenal militaire, une garnison, un état-major de fonctionnaires de tout ordre, une cour d'appel, des tribunaux, une corporation d'avocats ; c'est déjà une colonie. Elle a ses mœurs, peut-être trop françaises, du moins on le dit quelque part dans nos grands ports. Elle se prend si bien au sérieux, qu'à peine sortie du sol, elle a des airs de capitale ; elle résume en elle la France dans l'extrême Orient, et parce que c'était vrai hier, elle s'imagine que cela doit toujours être une vérité; elle considère volontiers comme un attentat tout progrès dont elle n'a pas le bénéfice, et l'expression de ce patriotisme de clocher, tout à la fois sympathique et encombrante, s'est fait jour à Paris jusqu'au sein de la représentation nationale. C'est là un phénomène dont il faut se réjouir; c'est un commencement d'esprit public, qui se retrouve partout dans les établissements appelés à vivre, et qui donnera d'excellents résultats quand nous aurons acquis assez de bon sens pour ne plus réglementer à outrance, pour laisser à celui qui expose sa vie et celle de sa famille assez d'indépendance et assez d'action.

Les provinces situées autour de Saïgon sont plus élevées, et par cela même plus populeuses et plus salubres; souvent accessibles par eau, au moins sur quelque point de leur territoire, elles ont de belles forêts, se prêtent à la création de voies ferrées, et l'Européen qui se soumet à certaines règles d'hygiène y vit facilement. Garanties contre toute attaque maritime par Saïgon et quelques fortins, elles ont toute sécurité pour leurs transactions, et centralisent les produits du bas delta, surtout agricole. Elles sont déjà, et seront mieux encore dans un avenir prochain, le véritable rempart de la colonie, par le Donaï et par le Mékong, dont elles occupent les fortes positions. Enfin elles prolongent utilement les communications avec le haut Cambodge, dont les plaines fertiles sont d'une utilité plus grande que les lacs poissonneux et les ruines gigantesques. Il faut, Messieurs, se garder de méconnaître ce que cette situation, tout-à-fait acquise, a de particulièrement avantageux. Ici, en effet, ce n'est pas seulement le delta d'un grand fleuve que nous occupons, avec un port de refuge qui est bien le nôtre ; c'est encore à l'ouest, dans le Cambodge, à l'est dans les provinces de la rive gauche, des territoires sains et opulents ; c'est au nord, dans la vallée même du Mékong, et avant que son cours se divise, des positions excellentes, de défense facile. C'est enfin le bassin latéral du Donaï, riche et peuplé, qui, par sa source, nous conduit aux montagnes des Moïs, et diminue d'un quart la distance de Saïgon à Hué, capitale de l'Annam.

Quand on sort de la Cochinchine, on entre, encore à l'heure présente, en pays de découvertes ; les atlas les plus récents sont d'un vague inimaginable, et, pour sortir de ce vague, il faut recourir aux cartes de la dernière heure, dont les relations, les recueils périodiques et les journaux commencent à se remplir. Les publications qui ont dix ans de date sont absolument erronées, et ne peuvent plus être consultées sérieusement. La province de Binh-thuan, cédée à la France par le second traité de Hué, pour l'acquit d'une créance devenue quasi irrécouvrable (1883), a utilement raccordé la Cochinchine avec la limite du Cambodge, étendu le territoire direct jusqu'aux sources du Donaï, accru sensiblement la zône maritime et fait à Saïgon le plus grand plaisir. Sur ce point il.n'y a plus que des nécessités militaires ; le pays est complet, bien délimité, assez grand pour se suffire, sans avoir des voisins assez forts pour le contrarier ou pour le combattre. Siam a depuis longtemps cédé les droits qu'il pouvait avoir ; le roi de Cambodge n'a d'autre souci que de jouir, avec l'appui de la France et à l'ombre de son drapeau, des profits et des honneurs attachés à sa dignité ; il n'y a plus qu'à développer les éléments de prospérité que l'on a entre les mains (1). En même temps un phare de premier ordre, celui du cap Saint-Jacques, porte ses feux à 53 kilomètres (33 milles) par un temps clair, et indique aux marins de toutes les nations que le drapeau de la France est planté là.

En entrant dans le royaume d'Annam, placé définitivement sous notre protection et notre contrôle, et complètement absorbé politiquement, s'il demeure civilement autonome, il faut, au risque de se répéter, insister une fois encore sur le caractère particulier de cette zône interjacente. Sans doute la région a par elle-même ce caractère, et nous l'avons nous même reconnu ; mais ce qui a contribué à le rendre évident et définitif, c'est la colonisation française de la Cochinchine. Ainsi la Basse-Cochinchine comme on disait alors, était il y a moins

____

(1) *Journal Officiel.* Débats parlement. (Chambre), p. 2693, col. 3.

de trente ans une contrée deshéritée, où le choléra était
endémique, et dont les rois d'Annam avaient fait un
lieu de déportation pour les insurgés et pour les mal-
faiteurs. Aujourd'hui les rôles sont intervertis : l'Annam
est devenu la succursale, et c'est une civilisation supé-
rieure qui, en quelques années, a accompli ce prodige.
La chaîne appelée montagnes des Moïs, parfois contigüe
avec la côte, peuplée de fauves, élevée, difficile, n'ayant à
l'intérieur que des sentiers mal tracés, reste sauvage (1),
et ne convient qu'aux Moïs qui y vivent indépendants ;
le littoral seul est habité par les Annamites.

Cantonnée à partir du rivage dans un pays sain, exposé
à l'action bienfaisante des vents de mer, et d'autant plus
dense que la zône habitable est plus étroite, la population
annamite n'a pas moins de six à sept millions d'habitants.
La lisière, seule susceptible de culture, est vraiment
possédée, mais elle est cultivée très imparfaitement, et
serait beaucoup plus riche, si les habitants n'étaient pas
victimes de la rapacité des mandarins, qui, là comme
ailleurs, en mettant la main sur tous les produits, empê-
chent toute émulation. A quoi bon travailler pour être
dépouillé, surtout sous l'influence d'un soleil brûlant, et
quand on a personnellement peu de besoins à satisfaire ?
Celui qui n'a rien n'excite pas l'envie, et avec des maîtres
absolus il n'y a de sécurité que dans la pauvreté ; aussi
n'y manque-t-on point, et nulle part on ne voit tant de
pauvres. Partout où presque partout, à dix ou douze lieues
de rayon, c'est l'inconnu, au moins pour l'Européen, et

(1) *Journal Officiel.* Débats parlementaires (Chambre), p. 2694.
Discours de M. Armand Rivière.

avec la montagne le terrain cesse d'être solide : ou bien c'est inutile, et l'on n'a devant soi qu'un sol aride ou couvert de bois, sans débouchés ; ou bien c'est périlleux, et les Moïs, qui ne sont pas loin, ne manquent pas d'épier ceux qui s'attardent. Cette situation, qui dure depuis des siècles, n'est pas propre à l'Annam. Le roi de Siam qui, au nord de Bangkok, n'a plus que des tributaires, se plaignait récemment des migrations envahissant son territoire, et on croyait que ces bandes nouvelles, venues du nord, étaient poussées en avant par quelque mouvement de Pavillons-Noirs.

Le protectorat de la France a son siège à Hué ; les forts sont aux mains des Français, et en face du palais du roi est le palais du résident, chargé du contrôle des finances, des relations avec les puissances étrangères, qui seul traite avec les ambassadeurs. Que ce soit volontaire ou forcé, c'est nécessaire, c'est mérité, c'est solide ; on est et on restera le maître. Hué, qui compte soixante mille habitants, va comme Saïgon, et en moins d'années peut-être, devenir une ville européenne ; ce sera le premier résultat de la crise que nous traversons, et la splendide baie de Tourane, donnée par Gya-Long à Louis XVI, va devenir notre port de relâche, notre grande station maritime sur la route de Nam-dinh et de Canton. Mais la limite de terre, où sera-t-elle ? Si c'est la montagne, il faudra contenir les Moïs ; si c'est le Mékong, nous aurons contre nous les Moïs et les Laotiens ; si nous demeurons indifférents, nous serons un jour réveillés en sursaut par un déluge de barbares, qui seront les kabyles de cette nouvelle Algérie, et nous verrons ce qu'il en coûtera quand nous aurons à les déloger.

A l'autre bout du royaume d'Annam, dont la capitale, Hué, n'est à vrai dire qu'un poste administratif et un centre de gouvernement, se trouve le Tong-kin, dont l'avénement·à la civilisation est à la fois si tardif et si bruyant. Ce pays, égal en superficie à vingt-cinq de nos départements, à dix ou douze, si on s'en tient à son delta, est dans une situation unique par rapport à la Chine, son opulente voisine. La vallée de son fleuve, appelé par les chinois le Hoti-kiang, et par nous le Song-coï, remonte en diagonale jusqu'aux cours opposés du Mékong et du Yan-tse-kiang, et conduit directement à la grande province chinoise du Yûn-nân, qui a l'étendue d'un royaume, et qui, malgré le double fléau de la peste et de la guerre civile, compte encore plus de vingt millions d'habitants. Si la France possédait seulement les deux tiers de cette vallée privilégiée, elle s'assurerait le marché de la Chine méridionale, et des provinces orientales de la Birmanie, le transit d'une partie du Tibet, tous les métaux, tous les tissus, tout ce que la haute Asie renferme de rare et de précieux, sans compter les profits de sa propre importation. Une notable partie du commerce de Canton et du Yan-tse-kiang serait détournée de sa voie pour prendre celle d'Hanoï, infiniment plus courte et plus favorable, et, comme l'expérience nous l'enseigne, il est permis de prévoir dans la puissance croissante du courant commercial des causes de rapide agrandissement.

La situation est unique, avons-nous dit. Les cartes de Dupuis et de Dutreuil de Rheins, beaucoup d'autres inspirées par elles, laissent beaucoup à désirer sans doute, puisque ce sont surtout des itinéraires, mais elles sont très supérieures aux précédentes, et suffisent à établir l'importance capitale du pays (1). Le Tong-kin est parfaitement déterminé, au moins jusqu'à Mang-hao, qui ferait une excellente tête de ligne, et un bon quartier-général. Il ne peut être question du cours supérieur, qui est entièrement chinois. En effet, au-dessus de Mang-hao, on pénètre dans une zône de ravins parallèles, à peu près infranchissables, encaissés entre des chaînes presque à pic d'une hauteur considérable, et d'où débouchent tous les grands fleuves indo-chinois; c'est comme un gigantesque entonnoir à plusieurs becs où le plateau central envoie son trop plein. L'obstacle est invincible, et en supposant que la science moderne pût entreprendre de le vaincre, la dépense surpasserait infiniment le résultat. A partir de Mang-hao la scène change; nous ne sommes plus en Chine, mais nous entrons dans l'ancien royaume du Tong-kin.

Le pays forme un triangle à peu près rectangle, dont les montagnes du Quang-si sont la base au nord, et dont les montagnes des Moïs sont l'hypoténuse au sud-ouest. Le cours du Song-coï, à peu près central, est presque droit pendant 300 kilomètres, depuis Mang-hao jusqu'à Hanoï, où commence son delta. Rien de plus saisissant : à droite, à gauche, deux cours d'eau parallèles le longent à une assez grande distance, séparés de lui par des chaînes secondaires, et décrivent pour le rejoindre des courbes harmonieuses dont la colonisation saura faire son profit : c'est le Hê-ho, ou rivière noire, qui touche à la Birmanie orientale, et le Tsin-hô, ou rivière claire, qui pourrait

(1) Il y a entre le Song-coï et la frontière de Chine, un pays qui n'a pas encore été parcouru, le pays minier. (Discours d'Armand Rivière, *Journal Officiel*, 2697.)

bien aussi avoir sa route commerciale parallèle à celle de Mang-hao. Un quatrième cours d'eau, le Thaï-binh, part directement des montagnes du Quang-si, coule du nord au sud dans une vallée indépendante, et dans son cours inférieur se confond avec le delta du Song-coï, dont il grossit la branche orientale. Il a une grande importance militaire en cas de guerre avec la Chine, et entraîne l'occupation solide de Thaï-nguyen et de Bac-ninh, qui sont situées sur ses bords.

C'est là, néanmoins, un système d'irrigation et de viabilité des plus remarquables, sur un espace aussi réduit. Sans doute il y a des difficultés à vaincre, et les descriptions que nous possédons ne les dissimulent pas. Le débit du Song-coi est inégal; il y a des îles assez nombreuses, séparées par d'étroits canaux, et d'un passage si malaisé qu'il est presque impossible; il y a des passes délicates entre des rochers élevés; il y a, principalement au confluent des nombreux torrents tributaires, des obstructions dont la mobilité expose à des surprises. Dupuis a parfaitement décrit tout cela; il a loyalement noté les écueils, et quand on a suivi son texte sur sa carte, on les sait par cœur. Mais on sait aussi qu'avec les eaux du Song-coï sagement gouvernées on dispose d'une force infinie que la science actuelle saura discipliner; on prévoit qu'il y aura des parties, peut-être même le long de la rivière claire, où un canal latéral sera possible, d'autres parties où l'on pourra supprimer les roches, régulariser les courants, dégager et entraîner les galets, les pousser dans des culs-de-sac où ils ne pourront pas nuire. On sait encore que dans le delta, où les inondations ont des conséquences si funestes, on arrivera par des endiguements habilement combinés à approfondir les chenaux à mesurer les irrigations, à diminuer l'insalubrité. Dans ces contrées populeuses, beaucoup plus saines que la Cochinchine, presque françaises par le climat, malgré la latitude différente, la main-d'œuvre est beaucoup moins coûteuse, et son action, réunie à un bon système de voies ferrées, suffira pour assurer les transactions commerciales.

Le delta du Song-coï est superbe; aussi fertile, il est moins vaste, mais plus salubre que celui du Mé-kong, car il est exposé à un soleil moins ardent. Il a, du reste, avec le grand fleuve de la Cochinchine plus d'une ressemblance, la même orientation, le même nombre de bras principaux, les mêmes arroyos, établissant entre eux les mêmes communications. La côte, accessible sur un petit nombre de points, commence à être bien connue (1); la profondeur, malgré les barres et les bancs de sables, est suffisante; les cyclones sont rares, et il y a des positions susceptibles de défense, que dans cette terre, de formation nouvelle, les alluvions fortifient chaque jour. Les chemins de fer sont possibles; la ligne télégraphique, le câble sous-marin sont déjà soumissionnés, et en voie d'exécution. Incessamment, Saïgon, Hué, Hanoï, seront pourvues de tout ce qui permet la concentration des ressources et des forces, et tandis que Saïgon, surtout agricole, écoulera dans la Malaisie, dans l'Inde et jusque dans l'Australie l'excédent de ses produits, Hanoï, surtout industrielle, fabriquera sur place et se livrera au travail des métaux. Voilà ce qu'il est permis de prévoir à court délai. Haï-dzuong et Nam-dinh, déjà françaises, Son-taï

(1) Travaux hydrographiques de MM. Bouillet et Héraud.

et Bac-ninh, peut-être occupées à l'heure actuelle, formeront autour de Hanoï, remontée au rang de capitale (1), un quadrilatère qu'aucun pavillon, quelle que soit sa couleur, ne pourra forcer.

Il ne faut pas que l'on croie cependant que ce soit chose facile, même au Tong-kin, que l'installation d'une colonie. Ce n'est plus ici, en effet, une prise de possession qui s'éternise, où chaque jour fait son œuvre, et dont la ténacité de l'individu fait les frais. C'est un Etat que l'on improvise, que l'on crée en quelque sorte de toutes pièces, et dans les conditions imposées par la civilisation contemporaine. On est obligé de faire marcher toutes choses de front, de résoudre perpétuellement toutes les difficultés, de répondre à la fois à l'impatience des nationaux, à la jalousie des rivaux, au mauvais vouloir des ennemis. Que de merveilles opérées déjà à Saïgon ! que de traits du caractère français, même à Hué et à Hanoï ! Et combien ne doit-on pas d'admiration et de reconnaissance aux hommes de tout rang qui se dévouent à cette œuvre, aux gouvernants, qui, au prix de leurs veilles, en assument la responsabilité!

Les raisons n'ont pas fait défaut pour occuper le Tong-kin, et même pour le garder, et si le gouvernement précédent ne nous avait pas fait d'autre legs, il faudrait s'en féliciter. Il est certainement une dépendance de l'Annam, dont la France a le protectorat depuis neuf ans.

Si l'Annam avait eu la force suffisante, il eût depuis longtemps réprimé les brigandages des Pavillons-Noirs, et la France, plus puissante que l'Annam, substituée à ses

---

(1) Anciennement Kécho.

droits, a le droit de faire, pour son propre compte, ce que l'Annam a négligé. Dans les expéditions de Francis Garnier, du commandant Rivière, les Pavillons-Noirs ont insulté au drapeau national, tendu des piéges, commis des crimes, violé incessamment les traités et même le droit des gens ; tout cela légitime des représailles qui ne regardent que le gouvernement français. Il y a encore un intérêt commercial de premier ordre ; il y a l'assentiment des autres nations, heureuses d'avoir le profit sans avoir le péril, et qui, jusqu'à présent du moins, n'ont fait aucune réclamation.

Mais on se demande aussitôt ce que doit être la conquête. Est-ce le delta seulement? est-ce le Tong-kin tout entier, ou au moins tout le cours du fleuve principal? Le delta, avec ses trois bras principaux, le Day, le Bélat et le Cam, est assurément le grand résultat commercial ; des garnisons dans les villes principales, rapidement mises en état de défense, en assurent la tranquillité ; rien ne passera de ce côté, sans subir la surveillance des douanes françaises ; une culture rémunératrice pourvoira aisément à l'entretien de la colonie, et, à défaut d'entente avec la Chine, une contrebande fructueuse suffirait à l'activité de la navigation. Cependant ce n'est pas assez, et je crois qu'on commence à le sentir en France ; il y a des choses qui s'imposent : telle est la possession de la vallée du Song-coï tout entière jusqu'à Mang-hao. Si l'on a contre soi les Pavillons-Noirs, une autre tribu, celle des Pavillons-Jaunes, sollicite l'alliance des Français. L'intervention des Chinois, dont on fait grand fracas, est surtout bruyante, et n'empêchera pas d'avancer, si on a le chiffre d'hommes nécessaire. Une seule campagne, menée

rondement, peut en trois mois conduire à Mang-hao (1).
Le poste occupé, on échelonnerait le long du fleuve, sur
des points qui sont déjà connus et déterminés, des ou-
vrages qui protégeraient son cours ; on occuperait dans
le nord Thaï-nguyen et Bac-ninh, et on attendrait du
temps le complément de la pacification.

Rien de plus vrai, et qui apparaisse plus clairement, en
lisant les récits entraînants des explorateurs. C'est jusqu'à
Mang-hao qu'il faut aller, si l'on veut assurer la sécurité
de la route commerciale de bout en bout, s'installer dans
des positions véritablement inexpugnables, empêcher
l'ennemi de se reformer, apporter au cours du Song-coï
les améliorations dont il est susceptible, donner à l'industrie minière l'extension et les débouchés qu'elle com-
porte, et opérer tout-à-fait en grand. C'est encore le seul
moyen de faire rentrer le Trésor dans ses frais, de réparer
dignement l'honneur national, de mettre un terme aux
convoitises, aux chicanes, aux insolences, aux atermoie-
ments et aux complications. Le but atteint, nous aurons
dans l'extrême Orient un véritable empire, moindre sans
doute que l'empire anglais, mais déjà respectable, pleine-
ment suffisant, peut-être mieux placé pour attendre. Ce
serait, au centre, la ville de Hué, régulièrement fortifiée,
accessible par mer, ayant ses avenues protégées par une
double ligne de forts et de batteries ; la baie de Tourane,

(1) Il y a des gens compétents qui prétendent qu'il faut deux ans ;
je ne le crois pas, mais Mang-hao le mérite, car ce sont les mines,
et c'est aussi la sécurité. Ne l'oublions pas en effet : c'est à Mang-
hao, c'est à Thaï-nguyen que se trouvent les points stratégiques ; sans
cela rien de solide. Qu'est-ce que deux ans, pour un aussi grand
résultat ? Si l'on veut coloniser, il faut être patient.

excellente station maritime; un certain nombre de ports de relâche, échelles du commerce français dans les mers de la Chine. Ce serait au sud le noyau primitif, Saïgon, avec ses deux chaloupes du Cambodge et du Bing-thuan; ce serait au nord Hanoï, avec Mang-hao, sa position extrême. Telle on se représente au bout d'un petit nombre d'années la puissance de la France dans l'extrême Orient.

Vous le voyez, Messieurs, je plaide la conquête, mais je n'oublie pas que je fais aussi l'enquête. Je vais essayer maintenant de reproduire ce qu'on dit, ce que nous lisons tous, depuis un mois, dans les divers organes de l'opinion publique, et ce ne sera pas la partie moins curieuse de cet entretien.

D'abord on s'en est pris, selon l'usage, à ceux qui, les premiers, ont conçu l'idée : à Dupuis, qui a payé l'idée de sa fortune; à Garnier, à Rivière, qui ont payé de leur vie la poursuite de l'idée, et on s'est dit : un particulier peut-il loyalement s'engager dans une exploration conduisant forcément à une conquête, exploiter pour la faire réussir, la bonne foi, la protection, le crédit des explorés, sauf, quand il est à bout de ressources, à répondre à coups de fusil? Peut-il, s'il ne suffit pas seul à la tâche, prétendre gratuitement et de son chef que la question est engagée, et confondre ses propres intérêts, si respectables qu'ils soient, sa conduite personnelle, si héroïque qu'elle puisse être, avec l'honneur national?

On dit encore, en se piquant de modération et de bon sens : où sont les profits? sont-ils certains, ou même probables? ne sont-ils pas subordonnés à notre bonne intelligence avec les nations européennes, qui peuvent arrêter subitement nos efforts, ou se servir des traités pour devancer sur notre terrain nos propres entreprises? n'en avons-nous pas déjà la preuve acquise sur plus d'un point en Afrique et en Asie? La Chine elle-même, toujours maitresse sur son propre sol, ne peut-elle pas fermer ses frontières, prohiber les sorties? Pour les traités, il est superflu de les invoquer; on sait ce qu'ils valent dans ces contrées lointaines, et tous les violent quand ils croient le pouvoir impunément. Enfin, convient-il de se porter en avant avec un budget surchargé, tout près de se trouver en déficit à la moindre complication (1)?

D'autres, ne visant que l'expédition elle-même, s'attaquent à son caractère. Elle n'est pas, disent-ils, dans des conditions ordinaires : la distance de la métropole, les frais de transport des hommes et des munitions, les approvisionnements, la cavalerie, si dispendieuse, et pourtant si nécessaire, le contingent à fournir, forcément élevé, si l'on veut qu'il soit suffisant, l'insalubrité du littoral, tout contribue à rendre, sinon l'issue incertaine, du moins l'entreprise onéreuse.

Puis viennent les politiques, qui, passant par-dessus les détails, ne veulent considérer que la situation même du pays, interprétée à leur façon, bien entendu. Il faut, selon eux, pour s'engager dans de pareilles aventures, la sécurité au dehors, l'apaisement des esprits au dedans, un courant d'opinion incontestable, une nécessité évidente. Au lieu de cela, que voyons-nous? Au dehors un isolement politique chaque jour plus apparent, qui rend toutes les complications possibles, même les plus invraisem-

____

(1) *Journal officiel*, 1883, Chambre, p. 2726.

blables, sans même qu'on en soit instruit ; au dedans des dissidences profondes, des vues et des intérêts qui s'entre-choquent, des inimitiés qui éclatent, une industrie en souffrance, une agriculture paralysée, une crise dangereuse de la fortune publique, dont la durée est incertaine. Voilà les faits que chacun de nous est à même de constater chaque jour, et dont la portée frappe tous les yeux. N'est-ce pas un devoir, dans un état aussi grave, de songer avant tout à l'équilibre des finances, à la paix intérieure, au complément de la défense du pays contre un ennemi chaque jour plus arrogant et plus redoutable ? — Mais, la guerre existe ! — Tant pis ! sachez être modéré ; remédiez vous même à une situation que vous avez créée, et vous aurez la paix.

D'autres (je ne les aurais pas devinés, mais il faut bien les citer, puisqu'ils se produisent au grand jour) (1) abusent de la statistique contre la grandeur nationale, et se déclarent les adversaires de toute colonie parce que, chiffres en main (ils le prétendent du moins), les colonies ne donnent à la métropole qu'un contingent d'importation de deux cents millions, sur un commerce total de neuf milliards. On voit de suite le parti qu'ils tirent de cette belle découverte. Sans doute ils ne comprennent pas dans ce chiffre l'Algérie : pour eux l'Algérie, c'est la France. Cependant, l'Algérie a d'abord été une colonie ; elle n'est française que depuis cinquante ans ; elle a doublé depuis vingt ans, et toute moisson, pour mûrir, a besoin du temps et du soleil. Renvoyons ces théoriciens impertinents à l'histoire, surtout à l'histoire de la marine, et

(1) *Journal Officiel.* Débats parlementaires (1883), p. 2708.

rapportons-nous en pour le verdict à la nation, qui a le sentiment de ses intérêts et de sa grandeur.

Voilà ce que l'on dit, ou du moins dans ce qu'on dit ce qui est avouable, car il y a mieux. Je laisse les développements à l'effroyable quantité des feuilles quotidiennes dont la France se nourrit. Mais, en empruntant une vieille tournure qui est pour moi pleine de saveur, je ne puis que je ne vous dise l'effet que tout cela me produit. Je m'inquiète surtout de la source, et je me demande à moi-même : qui dit cela ? c'est une pierre de touche que nous avons tous sous la main, et dont l'effet est excellent. Aussitôt que la question est posée, quelle que soit la couleur de la pierre, le problême est résolu.

Ce n'est pas à tous, Messieurs, qu'il est donné d'apprécier les actes des Dupuis et des Rivière : c'est le fait des âmes héroïques, et c'est une marchandise qui ne se trouve pas partout, même sur les quais de Rouen. Sans doute l'inspiration ne peut pas se produire partout, s'appliquer à tout, et la politique est souvent rigoureuse pour les enthousiastes; mais l'enthousiasme n'en reste pas moins une force, une force éminemment utilisable, et tous les grands politiques l'ont reconnu. Dans l'application, tout dépend de la mesure ; cette mesure, le génie la devine, la fortune la donne, et l'on s'est plus souvent repenti d'avoir méconnu l'occasion qu'on ne s'est réjoui de l'avoir rejetée. Dans ces sortes d'affaires le profit n'est pas tout, quoiqu'il soit quelque chose, et le calcul lui-même n'est pas à l'abri d'une erreur. Souvent la pratique a donné des résultats que l'arithmétique eût désavoués, et s'il fallait ne rien abandonner à l'inconnu, il serait impossible de diriger même un conseil de fabrique.

N'est-ce pas donner une trop faible idée du pays, que de dire hautement qu'il n'a pas au service d'une cause qui lui paraît juste vingt mille hommes et cent canons? Enfin, nous ne sommes pas encore réduits, dieu merci! à trembler au moindre bout de corde apparaissant sur les murs de Syracuse. Si l'Europe a ses convoitises, elle a aussi sur les bras bon nombre d'affaires; il ne s'agit pas ici de brouiller les cartes, mais de les faire meilleures et plus exactes. S'il y a dans la nation des dissentiments, c'est sur le terrain neutre de la gloire militaire qu'on en adoucira l'amertume; s'il y a des souffrances, on les rendra supportables, en donnant aux plus éprouvés l'utile remède de la colonisation.

Je ne sais, Messieurs, si je me trompe, mais dans un temps où l'on dit partout, assez légèrement, je crois, que nous sommes malades, et que nous allons mourir, voilà ce que je répondrais, sobrement, et sans nommer ni blesser personne; on peut sans cet appareil périlleux arriver au triomphe de la vérité. Et si l'on me demande ma conclusion, je la donne entre deux scrutins (1), assurément sans cérémonie, comme sans prétention. La média- tion de l'Angleterre m'inquiète; elle n'est pas désinté- ressée : la transaction avec la Chine me tient éveillé; elle n'est pas volontaire. Dans ces temps de conspiration avouée et de trames perpétuelles, on est beaucoup trop verbeux, et il ne faut user de patience qu'avec les hon- nêtes gens. Nos gouvernants sont habiles et dévoués : vous les avez vus de près; vos mandataires, qui eux

(1.) Il ne faut pas oublier que cet entretien a eu lieu le 12 dé- cembre, la veille du discours si clair et si patriotique de M. Blancsubé.

aussi, les connaissent, les ont formellement approuvés deux fois en moins d'un an. Mieux renseignés que nous, ils ont à bien faire le plus grand intérêt, et ils ont la plus grande envie de réussir. Qu'ils continuent donc de diriger à leur façon cette grande entreprise, et qu'ils usent résolument des ressources que l'on met libéralement entre leurs mains ! Et nous, Messieurs, applaudissons à leur succès, colonisons à outrance, demandons à chaque centre populeux l'impôt d'un, de dix colons, ou bien si quelque intrigue nouvelle, obscure, dissimulée, paralyse leurs efforts, acceptons provisoirement le moyen terme que nos adversaires eux-mêmes ne manqueront pas de suggérer. Ce sera pour nous la seconde ou la troisième étape d'une idée juste destinée à prévaloir, et que le temps, un temps prochain, réalisera. Alors les murailles de la Chine tomberont d'elles-mêmes.

APPENDICE

Nous extrayons du discours de M. Blancsubé (séance du 13 décembre 1883), qu'il faudrait reproduire tout entier, les passages suivants. Ils sont en quelque sorte le commentaire perpétuel, et parfaitement compétent, de ce .que nous avons dit sur la Cochinchine et sur le Tong-kin. (*Journal Officiel*, p. 2788.)

« Il y a en Cochinchine dix millions de dépenses de souveraineté, et si nous en supportons huit millions, est-on bien fondé à se plaindre ? La Cochinchine a seize ans d'existence ; elle contribue pour plus de 27 o/o dans les dépenses de souveraineté, militaires ou autres, alors que la colonie anglaise de Hong-kong, qui a quarante ans d'existence, n'y contribue que pour un peu plus de 6 o/o. »

« On nous disait tout-à-l'heure que les dépenses militaires étaient des dépenses nationales, on avait raison pour la Cochinchine, car un des motifs qui ont déterminé le gouvernement impérial à rester en Cochinchine, c'est la situation stratégique de la ville de Saïgon, c'est son admirable rivière, c'est son port, unique peut-être au monde, et qui, du cap Horn au cap de Bonne-Espérance, du détroit de Behrlng au pôle Sud, est le seul refuge que pourraient trouver nos flottes dans le cas où une commotion viendrait à agiter le monde. »

« … La population civile suit une marche ascendante; depuis que nous avons le régime civil, elle a plus que doublé… »

« … Le français tient à sa belle terre de France; il ne va au loin avec un peu de cœur que lorsqu'il sait qu'il retrouvera sa langue, ses lois, ses usages, ses mœurs, sa vie de citoyen, l'image de la patrie en un mot. Eh! bien! nous le lui faisons tous les jours!… »

« … Il y a des familles. Il y a M. Blancsubé, criait-on l'autre jour. Eh! bien! oui! et pour sa part il avait une femme, et huit enfants! »

« … L'annamite est avide d'instruction : 22,000 et quelques centaines d'élèves fréquentent nos écoles, dirigées par un personnel français… »

« … Nous n'avons pas voulu faire une colonie de compression : ce n'est pas dans le génie de la France, ni une colonie d'exploitation, mais une colonie d'assimilation… »

« Je ne suis pas compétent pour donner des renseignements, mais faites comme a fait la Chambre de Commerce de Saïgon. Elle a envoyé un de ses membres passer sept ou huit mois au Tong-kin pour s'informer des ressources que pouvait présenter ce pays, étudier les besoins des populations, les matières premières que pouvaient fournir le Cambodge et les pays environnants, Siam, le Laos, la Birmanie, où l'on peut pénétrer si facilement par la vallée du Mé-kong… Envoyez, vous aussi… étudiez… vous serez un commerce éclairé, vous pourrez lutter alors avec le commerce étranger… »

— Il n'y a guère qu'à louer dans cet excellent discours, où le bon sens et le souffle patriotique éclatent à la fois, et je me sens beaucoup moins disposé à relever quelques contradictions qu'à me féliciter de voir la France en Cochinchine représentée avec cette vigueur entraînante et cette fidélité.